DON BOSCO
VERLAG

Elli Michler

Die Jahre
wie die Wolken gehn

Getrost
in den Lebensabend

Don Bosco Verlag

Die Deutsche Bibliothek — CIP-Einheitsaufnahme

Michler, Elli:
Die Jahre wie die Wolken gehn :
getrost in den Lebensabend / Elli Michler.
- 4. Aufl. - München : Don-Bosco-Verl., 1993
ISBN 3-7698-0572-0

4. Auflage 1993 / ISBN 3-7698-0572-0
© by Don Bosco Verlag, München
Umschlagfoto: Adam / BAVARIA
Gesamtherstellung: Salesianer Druck, Ensdorf

Der Umwelt zuliebe gedruckt auf chlorfrei gebleichtem Papier.

Inhalt

Einführung

Die Tatsache, daß die Lebenserwartung in den letzten Jahrzehnten stark zugenommen hat und noch weiter im Steigen begriffen ist, mag in den Jüngeren die Hoffnung erwecken, nach der Entlassung aus der Bedrängnis ständigen Zeitdrucks, wie sie der Arbeitsprozeß mit sich bringt, in einem langen, angenehmen Lebensabend den großen Wunsch nach Freiheit und Unbeschwertheit endlich erfüllt zu bekommen.

Doch die Wirklichkeit sieht meist anders aus: Die größere Freiheit und das Mehr an Zeit bergen in sich auch die Gefahr des Ausgestoßenseins, der Isolation und der Depression. Der Weg in den Lebensabend wird oft zur beschwerlichsten Strecke des gesamten Lebensweges, wenn es nicht gelingt, eine Brücke zu schlagen zwischen dem äußeren Leben, das mehr und mehr zurücktritt, und dem inneren, das zunehmend an Bedeutung gewinnt. Durch die sich mehrenden Gebrechen und das Nachlassen der körperlichen Kräfte wächst die Gefahr der Resignation und damit auch des Zurückweisens von Glaube und Hoffnung.

Der beste Schutz vor Isolation und Verbitterung aber ist die Bereitschaft, zu vergeben, zu ertragen, zu danken und zu lieben. Das Alter annehmen bedeutet Abstand gewinnen und zur Einsicht kommen, das heißt auch zu Toleranz und Versöhnung. Alle diese Anstrengungen sind die große Lebensleistung des Alters und gleichzeitig seine Aufgabe gegenüber der jüngeren Generation. Wer sie erbringt, für den ist das Alter keineswegs nur der kümmerliche Rest des Lebens, vielmehr ein nicht nur den anderen Lebensphasen ebenbürtiger, sondern sie krönender, wesentlicher Lebensabschnitt.

Zur Abkehr vom bloßen Jammern und Klagen bis zur Hinwendung zu tapferem Handeln bedarf es allerdings der Mobilisierung aller unserer inneren Kräfte. Hier helfen nicht billige Sprüche und Mahnungen, die die Ängste nur vergessen lassen und die Probleme verdrängen. Die folgenden Texte wollen vielmehr den Leser gleichsam an der Hand nehmen und ihn mitten hindurch durch das Fürchten und Hoffen, durch Mühsal und Plage, durch Freuden und Leiden des Alters führen, damit er die ermutigende Ge-

wißheit erlangt: Es lohnt sich noch immer, jeden unserer Erden-
tage neu zu bewältigen, alle Not auf sich zu nehmen in der Versöhnung mit Gott und im Vertrauen auf die Vollendung des
Lebens durch seine Gnade.

In vorgerückten Jahren

Du kannst nicht wie ehemals Bäume ausreißen.
Doch kannst du noch vieles, ich will's dir beweisen:

Du kannst jetzt die Welt mehr von innen betrachten
und kannst alle Äußerlichkeiten entmachten.
Du kannst dich erfreuen an den leiseren Tönen
und kannst dich mit Himmel und Erde versöhnen.

Du kannst noch so mancherlei ausprobieren.
Du kannst etwas finden, was andre verlieren,
zum Beispiel Geduld oder herrlich viel Zeit.
Dich bringt keiner mehr in Verlegenheit.
Du kannst noch gar vielen ein Beispiel geben
und über den Dingen so wunderbar schweben.

Du kannst nun mit Abstand die Bilder betrachten,
kannst tadeln und loben, anstatt zu verachten.
Du kannst dich im Herbst noch mit Rosen umgeben
und du kannst von erwiderter Liebe leben.
Du kannst einer Katze über den Rücken streichen
und ein leises, zärtliches Schnurren erreichen.
Du kannst einem Kind einen Apfel hinhalten.
Und du kannst ein Geheimnis für dich behalten.

Du kannst, wie du willst, dir die Zeit einteilen
und in der Erinnerung lange verweilen.
Du kannst jeden Tag deine Blumen gießen
und froh jede einzelne Stunde genießen.
Du kannst dir dein Leben zurück überdenken
(doch niemandem deine Erfahrungen schenken).
Du kannst deine Augen schließen und ruhn.

Wirst staunen: Was kannst du doch alles noch tun!

Offene Fragen

Wie viele Leben hast du gelebt?
Weißt du es? Weißt du es nicht?
Wie viele Sterne waren gewebt
mit glitzerndem Garn
in den Mantel der Pflicht?
Wie viele Male fühltest du hoffnungslos
dich an irdische Ketten gebunden,
warst du beflügelt
und plötzlich ganz groß,
als man dir Kränze gewunden?
Wie viele Träume hast du gesponnen,
wieviel geweint und dann wieder gelacht,
wie oft von neuem noch einmal begonnen
nach deiner letzten verlorenen Schlacht?
Dies mag der Fährmann dir sicher bekunden,
wenn dir sein Ruf gilt: Steig ein!
Wie viele Tage und wie viele Stunden,
wie viele Jahre sind wohl noch dein?

Wertvolle Sammlung

Was man nicht alles sammeln kann
von Münzen bis Ikonen!
Ich fang jetzt auch zu sammeln an,
es muß sich jedoch lohnen.

Ich sammle Jahre, rund und reich,
auch magre, nicht nur fette.
Sie leuchten alle sternengleich
und fügen sich zur Kette.

Unverzagt

Sieh nur, wie sie sich bemühn,
die Geranien, in dem Schutz der Kästen
im November noch einmal zu blühn
unter all den kahlgefegten Ästen!

Aussichtslos, dies Unterfangen,
wo es vielleicht bald schon schneit,
noch zu blühen und zu prangen;
ist das nicht Vermessenheit?

Solltest dir ein Beispiel nehmen,
könntest gar nichts Besseres tun:
vor dem Ende dich nicht grämen
und dich regen, statt zu ruhn.

Zuspruch

Dein Klagelied hat viele Strophen,
doch immer nur denselben Reim.
Du sitzt zu lange hinterm Ofen,
mein lieber Freund, das darf nicht sein.

Nimmst deinem Schicksal vieles krumm,
was nur dir selbst mißraten.
Du drehst dich viel zu häufig um.
Schau vorwärts, geh auf neuen Pfaden!

Das erste Mal

Die erste Brille,
die du brauchtest,
weil dir die Schrift zu klein geworden war,
das erste Wort,
nach dem du lange suchen mußtest,
weil dein Gedächtnis plötzlich
dich verließ,
das erste Fältchen,
das dein Lachen härter machte,
das erste Grau
in deinem vorher dunklen Haar,
der erste Tag,
an dem beim Treppensteigen
dir ungewohnt die Luft wegblieb,
das erste Mal,
als in der Straßenbahn,
wo du mit ihm nur flirten wolltest,
dem schönen Kind in deiner Näh,
es dir den Platz anbot,
das erste Mal,
ach ja, das tat schon weh!

Begegnung

Als ich mühsam durch
die Straßen dieser Stadt,
jener lauten, lebendigen,
die längst anderen gehört,
meine Füße vorwärtsschob,
zögernd, mit kleinen,
unsicheren Schritten,
von den großen, eiligen derer,
die mich nicht wahrnahmen,
an den Rand gedrängt,
im Schatten
von Häuserwänden,
uralt und brüchig
wie ich selbst,
und in der Straßenmitte
im vollen Glanz der Sonne
ein Mädchen ging,
so federnd leichten Schrittes,
das schöne junge Haupt
so hoch erhoben,
hätte ich denken können
voller Verzweiflung:
Wie furchtbar,
daß ich das nicht mehr bin!
Aber ich dachte
voll stiller Freude:
Wie schön,
daß es das immer noch gibt!

Vergiß es nicht

Laß freuen dein Herz
sich im Frühling
über den Vogel,
dessen Stimme sich regt,
und singe mit ihm
im fröhlichen Chor.
Denn es rankt sich der Efeu
schon mächtig empor
an dem Stein,
welcher einst
deinen Namen trägt.

Im Alter

Wie seltsam das ist,
wenn man durch Straßen geht,
die es gar nicht mehr gibt,
wenn man in Häusern wohnt,
die längst abgerissen sind,
wenn man aus Höhlen blickt,
als seien es immer noch Augen,
und wenn man
mit Ohren, die gar nichts mehr taugen,
immer noch glaubt,
schimmernden Muscheln zu lauschen,
die längst nicht mehr rauschen.

Warum?

Warum tragen die jungen Leute
die Kleider im alten Stil?
Warum fahren zur Hochzeit die Bräute
im uralten Automobil?

Warum lieben wir alte Bäume
mit Stämmen, die hoch sind und stark,
und schützen die Lebensräume
der knorrigen Eichen im Park?

Warum stehen wir staunend und leise
vor verwitterten Steinen im Dom?
Warum zieht es uns scharenweise
zu den Säulen im alten Rom?

Warum lieben wir altes Geschmeide
und finden es edel und schön
und verschmähen nur immer die Freude,
mit alten Menschen zu gehn?

Schneeglöckchen

Der Winter war
so, wie er sein muß:
kalt und streng.
Und von dem vielen Sterben und Begraben
ward mir zum Schluß
das Herz ganz eng.

Wie sollt ich da
nicht Zweifel haben,
ob jemals wieder aus dem Schnee
statt Flügel alter schwarzer Raben
sich neues Keimen hebt,
zu grünen anfängt, wieder lebt?

Doch wie beschämst du mich,
du kleines Pflänzchen mit dem großen Mut!
Ich danke dir. Und danke Gott für dich.
Du blühst für mich und machst in mir
so vieles wieder gut.

Schade drum

Um jeden Grashalm ist es schade,
den bald der Schnitter niedermäht.
Um jede Blüte ist es schade,
zerstreut im Wind und schon verweht.
Um jeden Sommer ist es schade,
wenn er sich dreht auf kurzem Pfade,
auch um den Winter, der wie Eis zergeht.
Um jeden Vogel ist es schade,
hat ihn die Katze erst erspäht.
Um jeden Abend ist es schade,
der mit den Sternen untergeht.
Um jede Liebe ist es schade,
die glücklos blieb, verwaist, verschmäht,
um jede Treue ist es schade,
die die Bewährung nicht besteht.
Auch um mein Leben wär' es schade –
ich weiß, es ist vielleicht schon spät –,
stünd's nicht schon jetzt in Gottes Gnade.

Vorfrühling

Das Dach ist wieder frei von Schnee.
Doch deine Haare bleiben weiß.
Der Saft steigt wieder in die Höh'.
Doch deine Glieder bleiben steif.
Am Mittag ist die Luft
nun längst nicht mehr so kalt.
Du aber frierst noch immer,
wenn auch das warme, wollene Tuch
von Weihnachten um deine Schultern liegt,
das deine stöckrigen Finger
aus bleichem, verhärtetem Wachs
hin und wieder zusammenhalten
in zitternder Unruh'.

Es will wieder Frühling werden.
Ein Vogel pfeift's schon vom Dach.
Frühling für wen?
Nur für die Kinder,
die Rollschuh laufen?
Nur für die Händler,
die Blumen verkaufen?
Für alles, was atmet
und hofft und vertraut.
Auch für den Haselnußstrauch
gibt es Auferstehung.
Ja, ganz gewiß für dich auch!

Verlorenes Paradies

Da wir nun nicht mehr in der Sonne stehen,
so glauben wir, daß Sonne früher wärmer war.
Und oft beim In-den-Garten-Gehen,
da blüht ein andrer unsichtbar

mit wilden Trieben heimlich mit:
der Garten, welcher schöner war.
Hält die Erinnerung noch Schritt?
Sie putzt den Spiegel niemals klar.

Und wenn wir fremdes Land bereisen,
dann fällt es uns unendlich schwer,
das andre, ferne, nicht zu preisen,
es ist das unsre längst nicht mehr.

Doch nirgends war der Himmel blauer,
und Wald ist nirgendwo so grün.
Die starken Wurzeln sind von Dauer,
auch wenn die Jahre drüberziehn.

Amselschlag

Ich könnte den Vogel beneiden,
der auf der Fensterbank singt
im heiteren Lichte des Frühlings.
Aber nicht, weil er tausendmal schöner
und herrlicher singt als ich,
sondern weil er im Singen sein Leben
erspürt und nicht weiß,
daß das Sterben
einst auch einen Vogel berührt,
daß er fällt auf die Erde hernieder
und daß er dann niemals mehr wieder
einen Frühling besingt
als ein Vogel mit schwarzem Gefieder.

Im Frühling

Im Frühling, wenn der Apfelbaum
von Blüten überquillt,
dann wird die weiße Pracht bestaunt.
Es hat sich wieder mal erfüllt
der Traum vom Jungen, Zarten, Schönen.
Und unbeachtet bleibt der alte,
der knorrig rauhe Stamm.
Er weiß nicht, soll er sich
nun seines Alters schämen?
Doch schließlich: Es kam immer noch
am Ende alles auf ihn an.
Er darf sich ruhig wichtig nehmen
wie ein im Dienst ergrauter braver Mann.

Verweigerte Anpassung

Ich kann mich schwer
mit neuer Zeit befreunden
und bin im Jung-Erscheinen
ungeschickt.
Laß andre ihre Jahre leugnen,
mir ist die Weisheit
mehr wert als Konflikt.
Verzeih, daß ich
den alten Mantel liebe
und meine alten, ausgetretnen Schuh'!
Und meine alte große Liebe,
die bist noch immer du!

Im Park

Ihr Jungen in dem braunen Haar,
die durch den Park Ihr gleitet,
verlacht mir nicht das alte Paar,
das Hand in Hand noch schreitet!

Euch trägt die Liebe noch auf leichten Füßen.
Es lauert ihr noch überall Gefahr.
Doch bei den Alten hat sie sich bewiesen,
ist nicht mehr wandelbar.

Überrascht

Das Alter ist mir zugeflogen,
ich braucht' es nicht zu locken.
Der Vogel flog in sanftem Bogen,
und trotzdem bin ich noch erschrocken.

Ich sah das Korn im Felde wogen –
und plötzlich fielen weiße Flocken.

Magnolienblüte

Ein bißchen Purpur und Silber,
verwoben zum rosafarbenen Glanz
der leise sich öffnenden,
zarten, gebrechlichen Schalen
junger Magnolienblüten,
die schön sind zum Malen:
Solch lieblichen Morgengruß,
vom Frühling mir freundlich
durchs Fenster gehaucht,
sorgsam in Versen zu hüten,
wird schon die Feder eingetaucht
für den Titel: Magnolienblüten.
Und kann ich auch in meinen stillen
späten Jahren
nicht mehr viel Nützliches betreiben,
so läßt doch Gott,
was ich an Schönem je erfahren,
noch einmal zärtlich mich beschreiben.

Erinnerungen

Solange die Erinnerungen
auf blauen Rossen reiten,
bleibt der gescheiteste Verstand zurück.
Man kann, was Glück war,
nicht bestreiten,
dazu liegt es zu lang zurück.

Im Einst sind wohl die Räume größer,
durchsonnt von einem hellen Licht.
Und alle Früchte schmeckten besser,
und Würmer drin, die gab es nicht.

Gegensätzliches

Gott schuf den Gegensatz
zwischen Nacht und Tag,
zwischen Sonne und Regen
und Berg und Tal
und Klang und Stille.
Und es strömt aus der Spannung
die Gottesfülle, die ewige Kraft.
Sie bleibt festgeschrieben,
lehrt dich den Gegensatz lieben.
Auch zwischen jung und alt,
zwischen Leben und Tod,
braucht er dich nicht zu betrüben.

Mahnung

Du mußt nicht an den Uhren drehen,
die höheren Ortes deine Zeit verwalten.
Mußt nur zu deiner Stunde stehen
und deinen Tag in Händen halten.
Und mußt geschehen lassen, was geschieht.

Jung und alt

Ein junger Mensch,
ein alter Mensch,
das war noch nie das gleiche.
Gib's ruhig zu und find dich drein
in die verschiedenen Bereiche.
Was gibt es Schöneres
als Oma, Opa sein?
Schlürft sich der Titel nicht
wie alter Wein,
vollreif und gut vergoren?
Die Törichten, die lullt man ein
mit diesem Modewort „Senioren".

Lebensabend

Die Alten sagen zu den Jungen:
Ihr seht uns nur aus eurer Welt.
Wir leben von Erinnerungen.
Ihr wundert euch,
was uns am Leben hält:

Ein warmer Trank,
Tee aus der Malvenblüte,
ein Gottseidank,
ein bißchen Menschengüte,
ein Vogel, der ans Fenster fliegt,
ein paar geschriebne Grüße,
ein Kopfweh, welches schon besiegt,
ein Schemel für die müden Füße,
ein Winken jener fremden Frau,
die unterm Fenster steht mit ihrem Kind,
ein Himmel, der nicht ständig grau,
und Augen, die nicht völlig blind.

Ihr glaubt, das sei nicht viel, was bleibt?
Ihr untertreibt!

Ermunterung

Wenn sich in der Zeit der Besinnung
der Teppich deines Lebens
vor dir ausbreitet,
jammere nicht über die Webfehler,
freue dich über die Vielfalt des Musters,
bringe die alten Farben
wieder zum Leuchten
und sieh zu, noch möglichst viele
Knoten zu knüpfen!

Im Urlaub

Ja, wenn wir doch noch Kinder wären!
so hörte ich zwei alte Tanten
sagen, die neben mir
vor einem Spielzeugladen standen
und äugelten mit Teddybären
und Puppen, welche käuflich waren.
Das Kindsein schien für sie
ein abgeschlossner Fall,
weit weg im fernen Dazumal,
verbannt auf ewig
von schon viel zu vielen Jahren.
Und ich –
ich ging mit meinen grauen Haaren
ganz forsch hinein
und kaufte mutig einen Ball.
Ich warf ihn hoch, er sprang zurück.
Und plötzlich war mir widerfahren
ein längst nicht mehr gekanntes
großes Glück.

Alle die Jahre . . .

Alle die Jahre
habe ich Frevel getrieben
mit diesem Sprüchlein:
Ich hab keine Zeit!
Nun, da ich weiß,
daß mir in Wahrheit
nicht mehr viel zusteht,
geht es so schwer mir
über die Lippen.

Gut gemeint

Ihr stellt mir Blumen vors Fenster
und gebt darauf acht,
mir den Blick zu ersparen
auf die Leere der Stoppelfelder.
Ach, wißt ihr, in meinen Jahren
liebt man auch das noch, was traurig macht.
Und der Abschied, das werdet auch ihr noch erfahren,
er kommt ja doch schließlich
nicht über Nacht.

Novembergedanken

Es löst ein Blatt sich still vom Strauch
und senkt sich leis zur Erden.
Dies wünsche ich mir manchmal auch:
ganz sanft verweht zu werden.

Kein Sturm, der tost,
kein Kampf und kein Verderben.
Der Wind liebkost
das Fell, statt es zu gerben.

Ich sterb' ja nicht zum ersten Mal,
bin tausend Tode schon gestorben
und auferstanden jedesmal.
Der Tod hat mich stets sanft umworben.

Kam mir entgegen Schritt um Schritt.
Sprach oft mit mir
von unsrer großen Reise
und nahm sich vieles dabei mit,
was ich ihm gab schon – vorschußweise.

Was stirbt denn wirklich noch von mir?
Wo liegt die Grenze zwischen hier und dort?
Hab ich zum Bleiben noch Begier?
Bin ich nicht eigentlich schon fort?

So nehm ich selbst mich ins Visier
und fühle doch des Lebens Trieb.
Noch ist es Zeit. Noch bin ich hier
und habe dieses Leben lieb.

Bedingung

Du liebst nicht das Dunkel, die Nacht,
die Not mit dem Tod in der Ferne.
Du liebst nur den Glanz und die Pracht
und das strahlende Licht der Sterne.

Hast du dabei gar nicht bedacht,
was der Mensch nur zu häufig vergißt:
Das Licht eines Sterns wird entfacht
erst dann, wenn es dunkel ist.

Beim Betrachten von Gemälden

Als ich noch
ein Botticelli-Engel war,
im reinen Licht
sich sanft die Flügel regten,
da ahnt' ich nicht,
daß jenseits vom Altar
die Irdischen
auf wunden Füßen sich bewegten.
Ich opferte die Flügel und das Haar
und wanderte auf Dornen hin.
Nach Jahren wurde ich's gewahr,
daß ich nun Dürers Mutter bin.

Gefährlicher Herbst

Jahreszeit voller Gefahren:
Den einen erwischt jetzt die Grippe,
den andern mitsamt seinen grauen Haaren
vielleicht noch einmal die Liebe.
Es bleibt keiner verschont.
Und mich selber erwischt jetzt,
heimlich und ungewohnt,
erstmals die kleine, gefährliche Frage,
ob sich's noch lohnt.

Es lohnt sich noch immer

Die Zeit wird kommen,
da deine Kräfte schwinden,
dein Mut schwach wird
und dein Wille erlahmt.
Doch bevor du zu Boden gehst,
aufzugeben bereit
unter der Last deiner Jahre,
die deinen Rücken gekrümmt
und deine Ohren taub gemacht haben,
versuche noch einmal, dich zu erheben,
und tritt vor die Tür deines Hauses:
Sieh, wie die Sonne scheint,
sieh dort die blühenden Zweige
im Frühling
oder den leuchtenden Laubwald
im Herbst,
sieh überm Schnee diesen glitzernden Schimmer —
dann weißt du:
Es lohnt sich noch immer!

Alterskunde

Mit A, so fängt das Alter an,
gefolgt vom L, dem Leiden.
Das T sagt Trotzdem, wagt sich ran
und kämpft mit allen beiden.
Das hartgesottne, stramme E
markiert das Eisernbleiben
und zieht das R in seine Näh',
bringt's in Gefahr, sich aufzureiben.
Doch dieses hat gar viel erfahren
in schöner und in schlimmer Zeit.
Es hilft, die Ruhe zu bewahren,
und schenkt die Heiterkeit.

Melancholie

Alter ist kein Fest der Rosen,
wünscht sich nur Vergißmeinnicht,
ängstigt sich vorm Namenlosen,
ohne daß es davon spricht.
Sucht nach Dank und träumt von Lohn,
zupft noch an der Leier,
freut sich an dem süßen Ton,
er verscheucht die Geier.

Alter Leute Tag

Morgens in der Steingut-Tasse
aufgewärmter Schonkaffee,
daß die böse Nacht verblasse
und man wieder aufersteh'.

Mittags einen Teller Suppe,
Hustenreiz und Rückenweh.
Lächelnd sitzt die Diwan-Puppe
steif auf ihrem Kanapee.

Vom Besuch der alten Base
welker Strauß noch in der Vase.
Unterm Dach ein Taubengurren,
in der Stube Katzenschnurren.

Nah beim Fenster ein Strahl Sonne.
Welche Wohltat, welche Wonne!
Und die Decke für die Füße
birgt des Lebens ganze Süße.

Ein paar Krümel für die Meisen,
hingestreut aufs Fensterbrett.
Von den lauten zu den leisen
Stunden nur ein Schritt zum Bett.

Draußen dunkelt's in den Straßen.
In der Kanne ist noch Tee.
Lärm verstummt nun in den Gassen.
Herr, dein Wille mir gescheh'!

Margeriten

Die Margeriten, Sternenblumen,
die dir so innig lieb,
und nur in deinen Träumen noch
die weißen Köpfe wiegen
auf Sommerfeldern
zwischen wildem Gras
im fernen, sanften Wind,
weil deine Füße, die gelähmten,
die Wiese niemals mehr erreichen,
sieh doch, sie blühen selbst
noch auf dem Nachthemd dir,
dem Handtuch, dem Damastbezug,
und auf dem seidenen Papier,
in welchem die Geschenke liegen
von deinen Freunden,
die doch bei dir sind!

Flieder

Das waren noch Zeiten,
da du zur Maienblüte
heimlich mir Flieder schicktest,
mit Liebesschwüren versteckt im Bukett,
ein Duft voller Seligkeiten!

Und anschließend kam dann
das Lebenbestreiten
mit Wichtigsein, Müdesein,
Glücklichseinscheinen.

Schau: Hinter den Gartenzäunen
schimmert es immer noch
blau-violett!

Gesegnetes Alter

Und wieder ein geschenktes Heute
und immer noch ein Schlückchen Wein.
Und immer noch dabei, ihr Leute,
und immer noch nicht ganz allein.

Der alte Schmerz im Eingeweide
und immer noch die Gicht im Bein.
Doch immer noch ein bißchen Freude
und immer noch könnt's schlimmer sein.

Zur stillen Wohltat führt das Angenehme,
zum Dankesagen und zum Händegeben.
Und immer noch ein Blick für all das Schöne
und immer noch ein tiefer Atemzug voll Leben.

Feststellung

Auch eine Lerche,
nur noch am Boden kauernd
mit gebrochenen Schwingen,
ist noch eine Lerche.

Auch ein Pferd,
das im Stall steht
und das Gnadenbrot frißt,
fern von der Rennbahn,
dem Feld seiner Ehre,
ist noch ein Pferd.

Auch das weißgefiederte Segel,
ehe es eingeholt wird
von der Göttin der Schönheit,
still seine Kreise noch ziehend
ein letztes Mal
über den schimmernden Wassern,
ist noch ein Schwan.

Und auch der Mensch,
einst groß und wunderbar,
durch die Mühle des Alters gedreht
und zerstückt nun von außen und innen,
seinem einstigen Wesen
fast gänzlich entrückt,
ist noch ein Mensch.

Sag es noch heute

Morgen ist es vielleicht
noch der gleiche Gedanke,
aber schon nicht mehr
dasselbe Wort,
nicht mehr derselbe
Klang deiner Stimme,
nicht mehr die Zeit,
nicht mehr der Ort.
Und weißt du, ob der,
den es angeht, nicht schon
ein anderer ist?
Und du selbst?
Weißt du, ob du noch sein wirst?
Das, was zu sagen ist,
sag es noch heute!

Gedächtnis im Alter

Aus den Urwäldern der Erinnerung
tauchen sie nun plötzlich wieder auf,
die entfallenen Namen,
die verblaßten Gesichter,
die entschwundenen Orte,
die vergessenen Geschichten
von vorvorgestern,
und überwuchern
als seltsam verschlungene Pflanzen
jegliche Architektur
in den Gärten der Gegenwart,
die du als Blinder durchwanderst.

Das Lächeln

Ein altes Gesicht – – – –
Aber nein, das sind nicht
nur die Furchen und Falten
und die verwelkende Haut. –
Es ist auch ein Lächeln enthalten,
versponnen in Licht,
das tief aus den Augen schaut.
Du findest es nur bei den Alten.
Die Jungen haben's noch nicht.

Der Baum ist gepflanzt,
und das Haus ist gebaut.
Nun mag sich die Jugend entfalten.
Das Lächeln der Alten,
uns lieb und vertraut,
das wissende, gütige, weise,
das Erfahrungen birgt,
nicht nur abgeschaut ist
auf der langen, beschwerlichen Reise,
was da haften geblieben in Falten,
bleibt das große Geheimnis der Alten.

Irrtum

Durch die trüben Milchglasscheiben
sahen meine alten Augen
heute schon den ersten Schnee.
Doch es waren weiße Tauben.
Hoffnung, Lebensmut und Glauben
fliegen wieder in die Höh'.

Kleines Gebet

Herr, wenn es dir möglich ist,
so halte mich noch
eine Weile am Leben.
Denn ich habe noch nicht
genügend gedankt
und noch nicht
genügend vergeben.

Schwierigkeiten

Ich bin, ich war, ich bin gewesen.
Als Kind schon mußte ich das lesen.
In vielen Sprachen war's versteckt.
Im Alter hab' ich neu entdeckt
der Formen Sinn, ihr wahres Wesen
und alles, was dahintersteckt,
bis in die letzten Einzelheiten.
Nun hat die Seele Schwierigkeiten
mit dem Imperfekt.

Lieder der Nachtigallen

Vieles ist mir entfallen,
was einmal wichtig war.
Lieder der Nachtigallen,
zärtlich und wunderbar,
Echo vom andren Gestirn,
wie aus geheimen,
verschlossenen Hallen
tönen noch immer
in meinem Gehirn,
hell und kristallen.

Alterserscheinung

Die Welt, die sonst so wunderbar
mit Schall und Widerhall erfüllte,
sie will auf einmal nur
in Bildern und in Zeichen zu dir sprechen.
Wie sehr dein Ohr sich müht,
das große Schweigen zu durchbrechen,
niemals vernimmst du mehr das streng Verhüllte.
Bleibst unberührt vom Amselschlag
an lichten Frühlingstagen,
vom frohen Lachen und vom Geigenklingen,
von dem, was Kinder staunend fragen,
vom Glockenton, vom Regenrauschen,
von einem leisen, lieben Dankesagen . . . . . .

Dein ungestilltes, banges Lauschen
dringt bis zum Himmel hoch empor.
Und er erbarmt sich deiner Schmerzen:
Viel deutlicher als mit dem Ohr,
so hörst du nun mit deinem Herzen.

Verzeihung

Ich bin dir böse, lieber Gott,
seit du mein Augenlicht so sehr getrübt.
Treibst du mit meinem Alter Spott?
Wie hab' ich dich doch einst geliebt!

Du hast mein Klagen wohl gehört
und ließest mich nur einfach weitergehn,
als hätte ich mich nie empört.
Und doch: Ein Wunder ist geschehn,

als ich mit Gram verließ das Haus.
Durch trübe Augen sieht es fast so aus,
als ob auch kahle Äste blühn.
Ach, lieber Gott, ich habe dir verziehn.

Ich weiß

Ich weiß, daß ich alt bin.
Doch woher weiß ich es eigentlich
so genau?
Ihr sagt es mir täglich,
sagt es mir immer:
Mit euren Händen, den tatkräftig
helfenden,
voll Eifer betreuenden,
mit euren Blicken,
den milde lächelnden,
alles verzeihenden,
sagt ihr es mir.
Mit euren Worten,
den liebevoll freundlichen,
die keinen Widerspruch dulden,
mit euren Verboten,
den wohlgemeinten und strengen,
mit euren ständig begleitenden Schritten,
mit eurem planvollen Leiten und Lenken,
mit eurem fürsorglichen Fürmichdenken
sagt ihr es mir.
Doch wenn ihr es mir nicht sagen würdet,
wer weiß,
vielleicht hätte ich es
bis zum heutigen Tag
noch gar nicht bemerkt?

Eigensinnig

Ich kann nichts sein
als das nur, was ich bin.
Mehr darf ich nicht,
mehr ist mir nicht gegeben.
Und doch quält mich
der alte Eigensinn,
die Lust zum Flügelheben.
Und kann ich nicht mehr
wie die Jungen fliegen
so weit in alle Welt hinaus,
so bin ich doch nicht kleinzukriegen
und trete noch am Stock vors Haus.

Gläsernes Haus

So sitzest du nun
mit deiner Altersmühsal
verängstigt im Glashaus,
täglich der Steine
neuer Bedrängnis harrend,
die dir am Ende
geworfen sein mögen,
um dich zunichte zu machen
für immer,
anstatt geborgen
im Haus deines Lebens,
das nun zu Ende gebaut,
die gläsernen Wände
als Fenster zu nutzen,
das Licht dieser Welt
noch einmal neu
zu erblicken,
verklärt und von innen heraus,
in ungewohnter Perspektive,
reiner, tiefer
und schöner denn je.

Was kümmert es mich

Was kümmert es mich,
ob es Donnerstag ist!
Es ist Tag.
Mein ureigenster Tag.
Tag meines Lebens,
an dem ich noch atmen darf,
immer noch,
noch.

Bescheidene Wünsche

Nur ab und zu noch einmal in der Sonne sitzen
auf einer Bank und Wärme spüren.
Nur ab und zu auf einen Stock sich stützen,
als könnt' es noch zu Kräften führen.
Nur ab und zu ein Blick noch
in ein leuchtendes Gesicht.
Und auch gelegentlich noch Hunger stillen.
Ein Schlückchen Wasser aus vertrautem Krug.
Mehr braucht es nicht. Es ist genug.
Und alles andre steht in Gottes Willen.

Und wenn du nichts mehr tun kannst . . .

Und wenn du nichts mehr tun kannst,
als nur am Fenster noch zu stehn,
um nach der Sonne auszublicken
und um den Kindern zuzusehn,
wie sie im Garten Blumen pflücken,

und wenn du nichts mehr tun kannst,
als Fremden guten Tag zu sagen,
um dann ihr Lächeln noch zu sehn,
nach ihren Leiden sie zu fragen
und ihre Sorgen zu verstehn,

und wenn du nichts mehr tun kannst,
als ins Notizbuch einzutragen,
was gestern war, was heut' geschehn,
du kannst noch Dank im Herzen tragen:
dein langes Leben, es war schön!

Schlaf

Zwischen Mitternacht und Morgen,
längst dem lauten Tag entrückt,
noch im Schlummerlied geborgen
und in Schuld nicht mehr verstrickt,
schwimmt mein Ich durch blaues All.
Vogel Nacht spreizt sein Gefieder.
In unendlich sanftem Fall
gleitet schillernd er hernieder.
Ist er Habicht oder Pfau?
Als wir uns schon einmal trafen,
war ich Kind noch oder Frau?
Ist das Totsein so wie Schlafen?

Alter und Weisheit

Nicht jeden macht das Alter weise.
Manche werden nur zum Greise.
Nicht alle macht das Leben klug.
Manche kriegen nie genug.
Sie schämen sich der grauen Haare
und kennen nie das wunderbare,
das stille Glück der reifen Jahre.

Tröstlich

Von Tag zu Tag älter,
das wird dir zuviel?
Wie sind sie doch tröstlich,
die Regeln im Spiel!

Ich finde, das Leben
geht sanft mit uns um.
Unmerklich entschweben
wir, lang noch nicht stumm.

Erst wächst du hinein
und dann wächst du hinaus.
Und es ist nicht gleich alles
mit einem Mal aus.

Alter Eulenspiegel

Ich stecke meine Jahre
in einen großen Sack,
zupf' mich am weißen Haare,
treib' mit mir Schabernack.

Ich hör' nur die Gitarre.
Die Sense seh' ich nicht.
Ich singe. Und ich starre
dem Tod nicht ins Gesicht.

Warnung

Daß ihr mir nur nicht,
wenn es geschehen ist,
in die Zeitung schreibt:
,,unerwartet und plötzlich"!
Ich möchte nicht,
daß ihr so übertreibt,
da ihr doch eigentlich
wissen müßtet, daß von Geburt an
nur wenig Zeit uns verbleibt.
Natur ist gesetzlich.
Ihr bleiben wir einverleibt
unwidersetzlich.
Auch den, der sich nicht lange sträubt,
ruft Gott ja nicht plötzlich.

. . . bis zum Schluß

Was macht wohl dieses Leben
schön und reich?
Die Sicht, aus der man's sieht,
und der Vergleich.
Zum Sehen
und Vergleichenkönnen muß
man dieses Leben eben
lieben bis zum Schluß.

Herbst

Nimm's nicht so wichtig,
daß auch der prachtvollste Herbst
immer das Ende des Sommers bedeutet.
Wichtig ist nur:
Hast du den Korb schon geflochten,
zu sammeln die Früchte und Farben,
zu bergen das duftende Brot?
Wichtig ist nur:
Hast du die Leinwand bereit,
um die Sonnenblumen zu malen?

Zum guten Schluß

Alles hat an Wichtigkeit verloren
von Jahrzehnt zu Jahrzehnt,
seit ich geboren.
Übriggeblieben ist nur
der Nußbaum meiner Großmutter,
auf welchem die Eichhörnchen sprangen,
als wir noch Kinder waren
und tanzten und sangen.

Wenn ich nicht mehr . . .

Wenn ich nicht mehr sprechen kann,
weil ich von hinnen gezogen,
hör meine Stimme im schweigenden Tann
oder im Rauschen der Wogen!

Wenn ich nicht mehr singen kann,
sind's nicht die Lieder, die trogen.
Hör dir die Amsel im Garten an,
ehe auch sie dir entflogen!

Wenn ich dir nicht mehr antworten kann,
mußt du nicht trauern und klagen.
Sieh dir die Wolken, die wandernden, an,
stell nur dem Wind deine Fragen!

Wenn ich dich nicht mehr begleiten kann,
darfst du der Welt nicht entsagen!
Reich deinen Finger dem großen Pan!
Er wird dich führen und tragen.

Frost

Abgeholzt ist der Zauberwald
bis in die Äste meines Gehirns.
Furchen gelegt sind in die Landschaft
meines Gesichts und der Hände.
Auf dem Haupt noch ein Rest
von vergilbendem Laub.
In ihrem matten, dunkelnden Schimmer
Kristalle aus Salz
ausgetrockneter Seen sind meine Augen.
Und meine Ohren: ein schroffes Gebirge,
nicht mehr bezwingbar.
Und meine Lippen: die einstige Pforte
der Lieder der Minne
und auch der Worte, zu Waffen geschliffen,
bleibt stumm und verschlossen.
Treu in der Pflicht
und unendlich zähe
die zuckenden Fasern: mein Herz.
Nur die Erinnerungen,
abgeschnittene Träume,
zu Sträußen gebunden,
treiben noch Blüten,
immer bunter, immer phantastischer,
betrinken sich noch
am Wasser des Lebens.
Doch was geschieht,
wenn nun die Vase zerbricht?

Einmal

Einmal heißt es Abschied nehmen.
Einmal ist es aus und Schluß.
Einer gibt dann seinem Leben
einen Tritt noch mit dem Fuß,
doch ein andrer beim Entschweben
schenkt ihm zärtlich einen Kuß.
Diesem andern will ich gleichen,
ohne Haß und Überdruß,
noch im letzten Lebenszeichen,
wenn ich einmal enden muß.

Abschiedstöne

Herbstzeitlose, kühle Schöne,
gibst mir Trauer in den Sinn.
Überall nur Abschiedstöne,
sagen, daß ich endlich bin.
Bruder Baum und Schwester Blume,
tragt ihr doch dasselbe Leid.
Gelbes Laub und braune Krume
wandeln unsern Erdenleib.
Vater Fluß und Mutter Meer,
sprühend stets, für neues Leben
geben sie ihr altes her.
Also will ich meines geben:
wolkenleicht für erdenschwer.

Heimweg

Ich danke dir, Herr,
mein Leben war reich
und mein Leben war lang.
Und ich weiß, daß nun irgendwann
auch ein Ende sein muß.
Mein treuer Gefährte, der Tatendrang,
hat mich längst schon verlassen.
So als wüßt' er, er tut es nun nicht mehr lang,
schleppt sich mein Fuß still im Abendschein
heim durch die Gassen.
Ich danke dir, Herr,
für dein Beimirsein.
So geh' ich nun frei und gelassen.

Ahnung

Das Spiel der Formen
ist nun bald vorbei.
Es kommt nun
nicht mehr aufs Gehäuse an.
Die strengen Normen
sind dann einerlei.
Das wahre Wesen
gilt fortan.
Ich ende dort,
wo ich begann,
um jenen Kreis zu schließen,
in dem mein Geist
und euer Geist
im Ewigen sich grüßen.

Die erfolgreichen Gedichtbücher von Elli Michler!

Dir zugedacht

Wunschgedichte

35 gute Wünsche in frischem Stil! Ideal zu Geburts- und Namenstag, Jubiläum, als Besuchsgeschenk, für Gesunde und Kranke. Ein Geschenk mit Niveau für jeden lieben Menschen.

9. Aufl., 56 Seiten, 6 Farbfotos, Pappband, ISBN 3-7698-0625-5

Im Vertrauen zu dir

Gedichte über die Liebe

Die eindringlichen, ermutigenden Texte helfen, das Vertrauen in die Zukunft und den Glauben an die Liebe wieder zu gewinnen.

2. Aufl., 72 Seiten, 7 Farbfotos, Pappband, ISBN 3-7698-0646-8

Wie Blätter im Wind

60 kraftvolle, meditative Gedichte, die Hoffnung und Geborgenheit vermitteln.

2. Aufl., 68 Seiten, Pappband, ISBN 3-7698-0613-1

Vom Glück des Schenkens

70 Gedichte über die Kunst des Schenkens als humorvoll-nachdenkliche Anleitung. Ein Geschenk zu allen Anlässen.

80 Seiten, 6 Farbfotos, Pappband, ISBN 3-7698-0654-9

Dein ist der Tag

Ermutigung zum Leben

Gedichte als Bekenntnis und Ermutigung zum Leben – im Jahreslauf durch die Tage des Lichts und des Dunkels.

64 Seiten, 8 Farbfotos, Pappband, ISBN 3-7698-0705-7

Erinnerst du dich?

Begegnungen und Erfahrungen

42 Gedichte mit humorvoll-nachdenklicher Lebensweisheit über prägende Begegnungen und Erfahrungen als Kraft zur Bewältigung des Lebens.

64 Seiten, 8 Farbfotos, Pappband, ISBN 3-7698-0739-1